Impressum
Verlag: BABADADA GmbH, Nedderfeld 112 , 22529 Hamburg
Geschäftsführer / Verlagsleitung: Harald Hof
Druck: Books on Demand GmbH, In de Tarpen 42, 22848 Norderstedt

Imprint
Publisher: BABADADA GmbH, Nedderfeld 112 , 22529 Hamburg, Germany
Managing Director / Publishing direction: Harald Hof
Print: Books on Demand GmbH, In de Tarpen 42, 22848 Norderstedt, Germany

# 学校

# de School

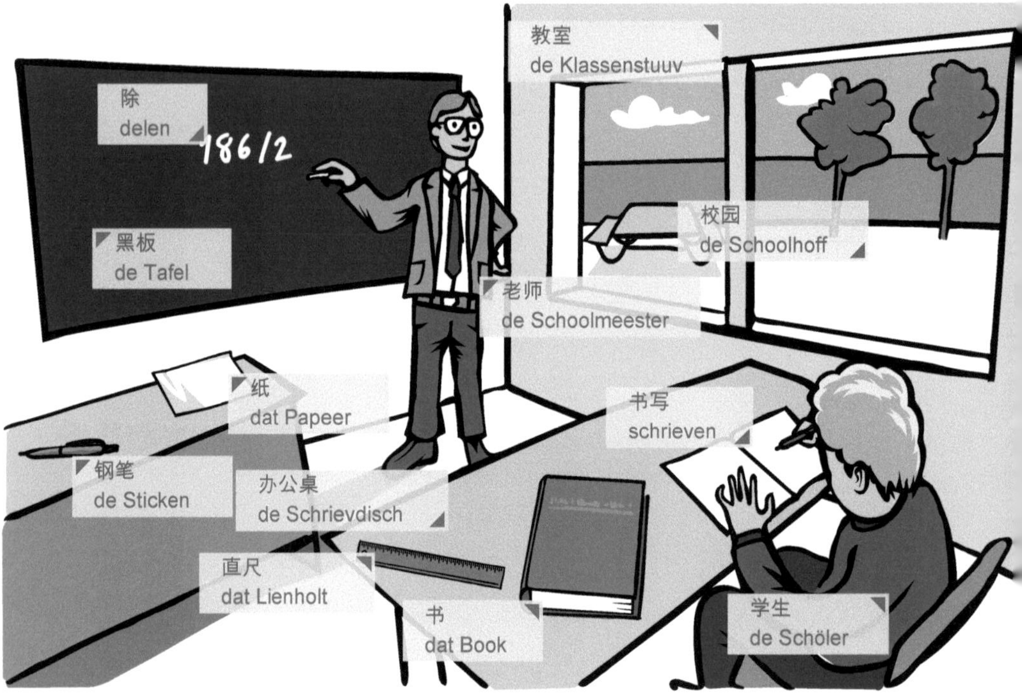

教室
de Klassenstuuv
除
delen
186/2
黑板
de Tafel
校园
de Schoolhoff
老师
de Schoolmeester
纸
dat Papeer
书写
schrieven
钢笔
de Sticken
办公桌
de Schrievdisch
直尺
dat Lienholt
书
dat Book
学生
de Schöler


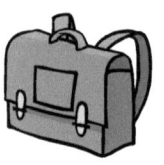

书包

de Ranzel

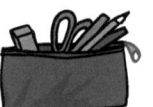

铅笔盒

de Feddermapp

铅笔

de Bleesticken

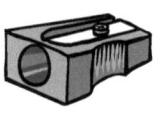

卷笔刀

de Scharpmaker

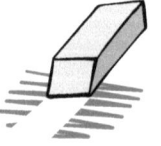

橡皮擦

dat Radeergummi

画板

de Tekenblock

图画

de Teken

画笔

de Pinsel

颜料盒

de Malkassen

剪刀

de Scheer

胶水

de Klever

练习册

dat Heft to'n Öven

家庭作业

de Huusopgaav

**12**

数字

de Tall

**2+2**

加

tohooptellen

**5-2**

减

aftrecken

**2×2**

乘

malnehmen

计算

reken

**A**

字母

de Bookstaav

ABCDEFG
HIJKLMN
OPQRSTU
VWXYZ

字母表

dat ABC

字

dat Woort

课文
de Text

读
lesen

粉笔
de Kried

上课
de Stunn

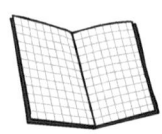

登记
dat Klassenbook

考试
de Pröven

证书
dat Tüügnis

校服
de Schooluniform

教育
de Utbillen

百科全书
dat Nakieksel

大学
de Universität

显微镜
dat Mikroskop

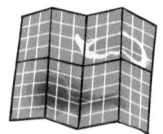

地图
de Koort

废纸篓
de Papeerkorf

酒店
dat Hotel

*Grand*

青年旅社
de Harbarg

ROOMS

外币兑换处
de Wesselstuuv

D

EXCHANGE

手提箱
de Kuffer

汽车
dat Auto

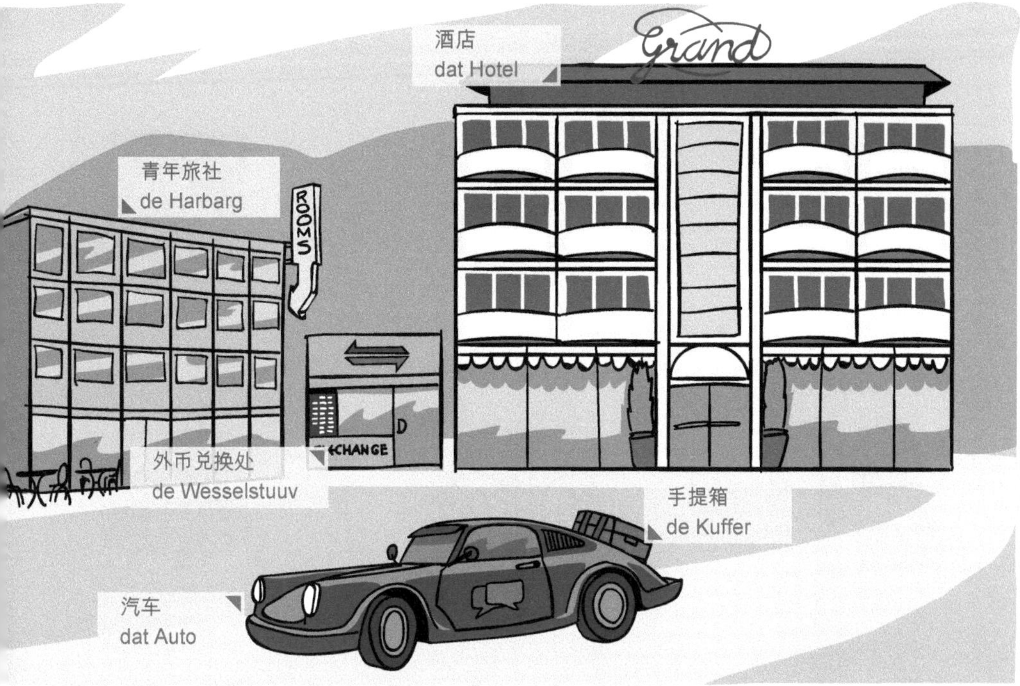

语言
de Spraak

是/否
jo / ne

好的
Jo

您好
Moin

翻译员
de Översetter

谢谢
Dank ok

......多少钱？

Wat kost...?

我不明白

Ik verstah nich

问题

dat Problem

晚上好！

Goden Avend

早上好！

Moin!

晚安！

Gode Nacht!

再见

Tschüüs

方向

de Richt

行李

de Bagaasch

包

de Tasch

双肩包

de Rüchsack

客人

de Gast

房间

de Stuuv

睡袋

de Slaapsack

帐篷

dat Telt

旅游信息
e Touristeninformatschoon

海滩
de Strand

信用卡
de Kreditkoort

早餐
dat Fröhstück

午餐
dat Meddageten

晚餐
dat Avendeten

票
de Fohrkort

电梯
de Fohrstohl

邮票
de Breefmark

边界
de Grenz

海关
de Toll

大使馆
de Bottschop

签证
dat Visum

护照
de Pass

飞机
de Fleger

船
dat Schipp

消防车
dat Füerwehrauto

公交车
de Autobus

卡车
de Lastwagen

汽艇
dat Motoorboot

自行车
dat Fohrrad

汽车
dat Auto

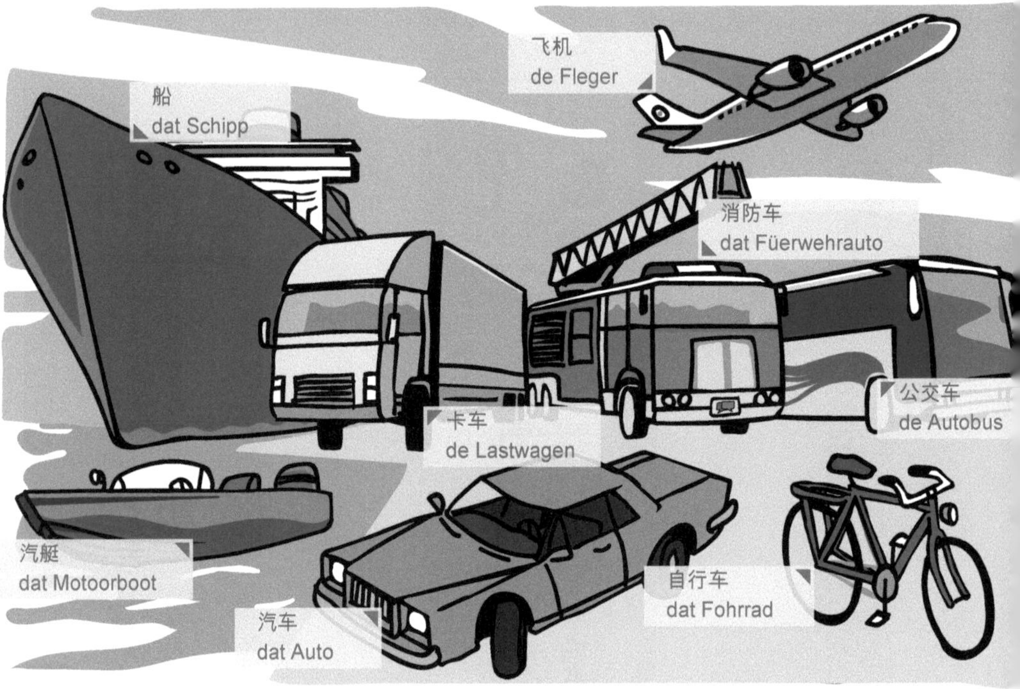

摆渡船

de Fähr

小船

dat Boot

摩托车

dat Motoorrad

警车

dat Polizeiauto

赛车

dat Rönnauto

租车

de Lehnwagen

拼车
dat Carsharing

拖车
de Afsleepwagen

垃圾车
dat Müllauto

发动机
de Motoor

汽油
de Kraftstoff

加油站
de Tanksteed

交通标志
dat Verkehrsschild

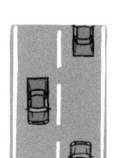

交通
de Verkehr

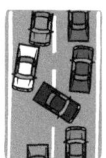

交通堵塞
de Stau

停车场
de Afstellplatz

火车站
de Bahnhoff

轨道
de Sporen

火车
de Tog

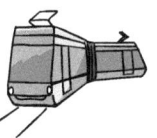

电车
de Stratenbahn

货车
de Wagon

直升机

de Dwarsmöhl

机场

de Flooghaven

塔

de Tower

乘客

de Fohrgast

集装箱

de Grootkist

纸板箱

de Karton

手推车

de Koor

篮子

de Korf

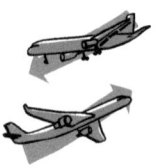

起飞/降落

starten / lannen

# 城市

## de Stadt

村庄

dat Dörp

市中心

de Binnenstadt

房子

dat Huus

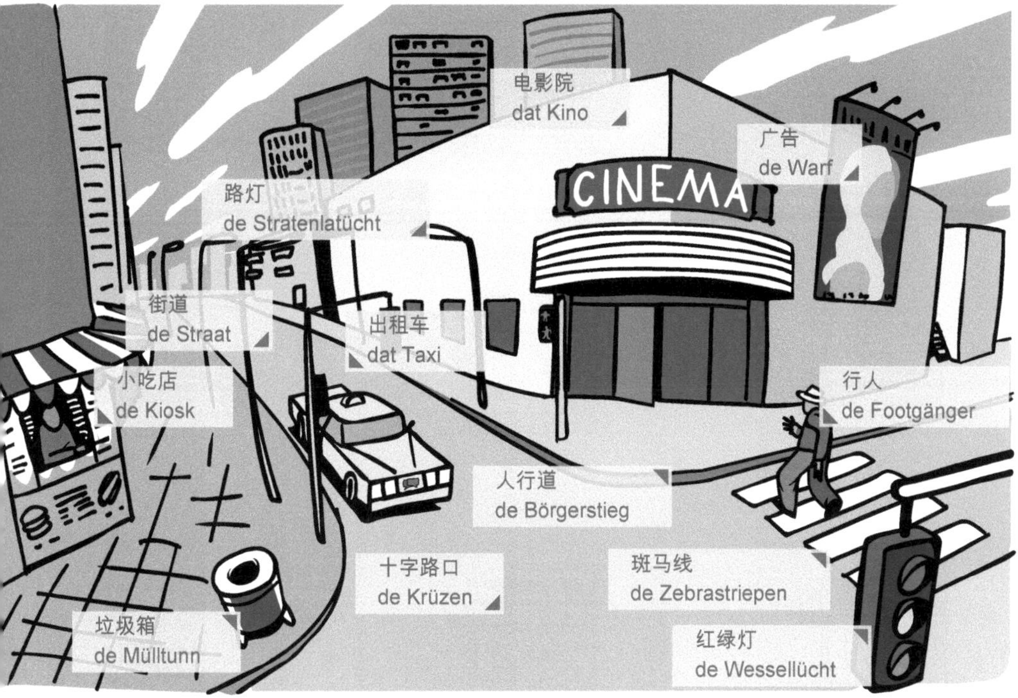
电影院
dat Kino
广告
de Warf
路灯
de Stratenlatücht
街道
de Straat
出租车
dat Taxi
小吃店
de Kiosk
行人
de Footgänger
人行道
de Börgerstieg
十字路口
de Krüzen
斑马线
de Zebrastriepen
垃圾箱
de Mülltunn
红绿灯
de Wessellücht

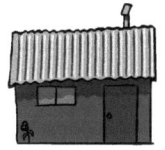

小屋

de Hütt

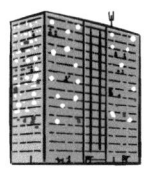

公寓

de Wahnung

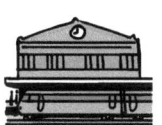

火车站

de Bahnhoff

市政厅

dat Raathuus

MUSEUM

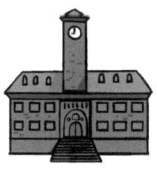

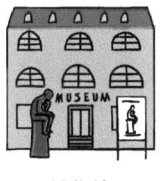

博物馆

dat Museum

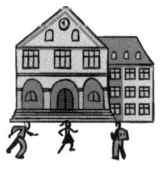

学校

de School

大学

de Universität

银行

de Bank

医院

dat Krankenhuus

酒店

dat Hotel

药房

de Afteek

办公室

dat Büro

书店

de Bookhökerie

商店

de Hökerie

花店

de Blomenhökerie

超市

de Supermarkt

市场

de Markt

百货商店

dat Koophuus

鱼店

de Fischhökerie

购物中心

dat Inkoopszentrum

海港

de Haven

公园

de Parkanlaag

长凳

de Bank

桥

de Brüch

楼梯

de Trepp

地铁

de Ünnergrundbahn

隧道

de Tunnel

公交车站

de Busstoppsteed

酒吧

de Bar

餐馆

dat Spieslokal

邮筒

de Breefkassen

路标

dat Stratenschild

停车计时器

de Parkklock

动物园

de Deertenpark

游泳馆

de Baadanstalt

清真寺

de Moschee

农场

de Buernhoff

污染

de Ümweltversmudden

墓地

de Karkhoff

教堂

de Kark

操场

de Speelplatz

寺庙

de Tempel

# 地形
# de Landschop

树叶
dat Blatt

指示牌
de Wiespahl

路
de Weg

草地
de Wisch

石头
de Steen

树
de Boom

徒步旅行者
de Wannerer

河
de Fluss

草
dat Gras

花
de Bloom

峡谷
dat Daal

山
de Barg

湖
de See

森林
dat Holt

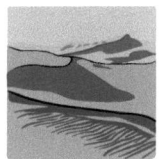

沙漠
de Wööst

火山
de Füerspien Barg

城堡
dat Slott

彩虹
de Regenbagen

蘑菇
de Poggenstohl

棕榈树
de Palm

蚊子
de Steekmück

苍蝇
de Fleeg

蚂蚁
de Miegeemk

蜜蜂
de Imm

蜘蛛
de Spinn

地形 - de Landschop

甲虫

de Sebber

青蛙

de Pogg

松鼠

de Katteker

刺猬

de Swienegel

野兔

de Haas

猫头鹰

de Uul

鸟

de Vagel

天鹅

de Swaan

野猪

dat Wildswien

鹿

de Hirsch

麋鹿

de Elk

水坝

de Staudamm

风力发电机

dat Windrad

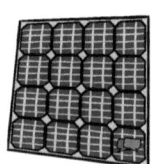

太阳能电池板

dat Solarmodul

气候

dat Klima

# 餐馆

# dat Spieslokal

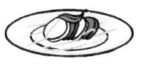

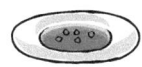

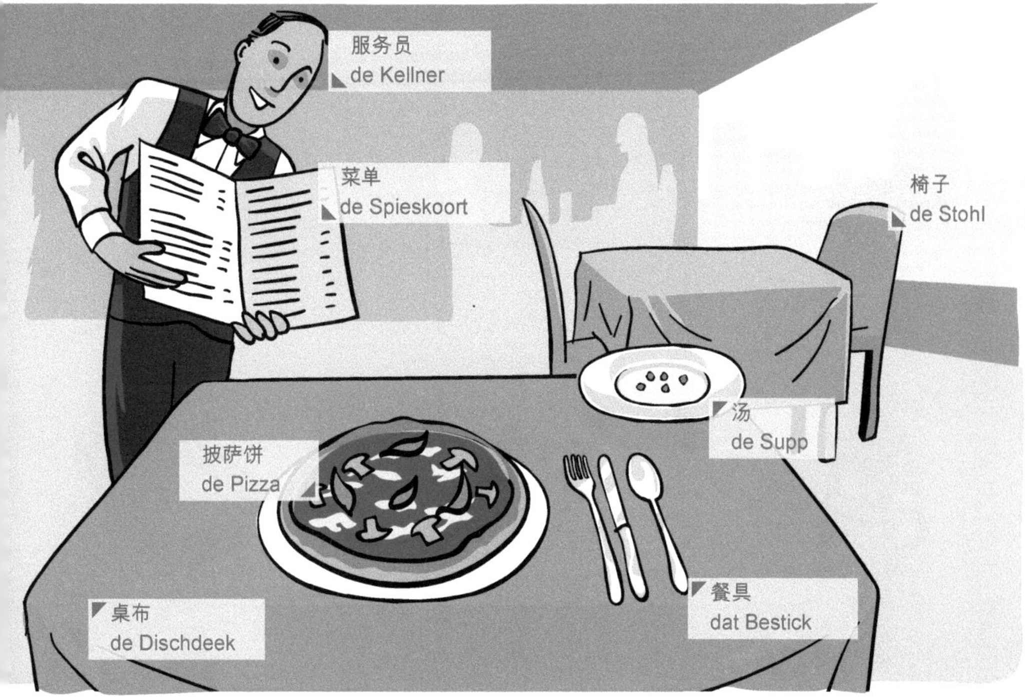

服务员
de Kellner
菜单
de Spieskoort
椅子
de Stohl
汤
de Supp
披萨饼
de Pizza
餐具
dat Bestick
桌布
de Dischdeek


前菜

de Vörspies

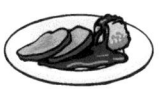

主菜

dat Haupteten

甜点

de Nadisch

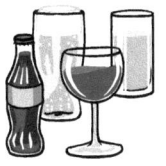

饮料

de Drünk

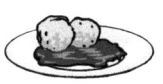

食物

dat Eten

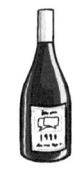

瓶子

de Buddel

快餐

dat Fastfood

街边小吃

dat Strateneten

茶壶

de Teekann

糖盒

de Zuckerdoos

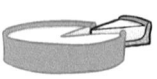

一份饭菜

de Portschoon

意式咖啡机

de Espressomaschien

高脚椅

de Hoochstohl

账单

de Reken

托盘

dat Tablett

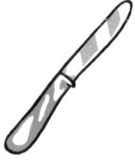

刀

dat Mess

餐叉

de Gavel

勺子

de Lepel

茶匙

de Teelepel

餐巾

dat Munddook

玻璃杯

dat Glas

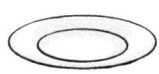

碟子
de Töller

汤盘
de Suppentöller

碟子
de Ünnertass

酱
de Sooß

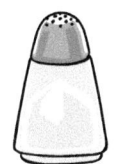

盐瓶
de Soltstreuer

胡椒磨
de Pepermöhl

醋
de Etig

食用油
dat Ööl

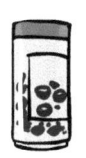

调味料
de Krüder

番茄酱
de Ketchup

芥末
de Mostrich

蛋黄酱
de Mayonnaise

# 超市
# de Supermarkt

特价
dat Anbott
FOR
顾客
de Kunn
乳制品
de Melkprodukten
水果
dat Aaft
购物车
de Inkoopswagen

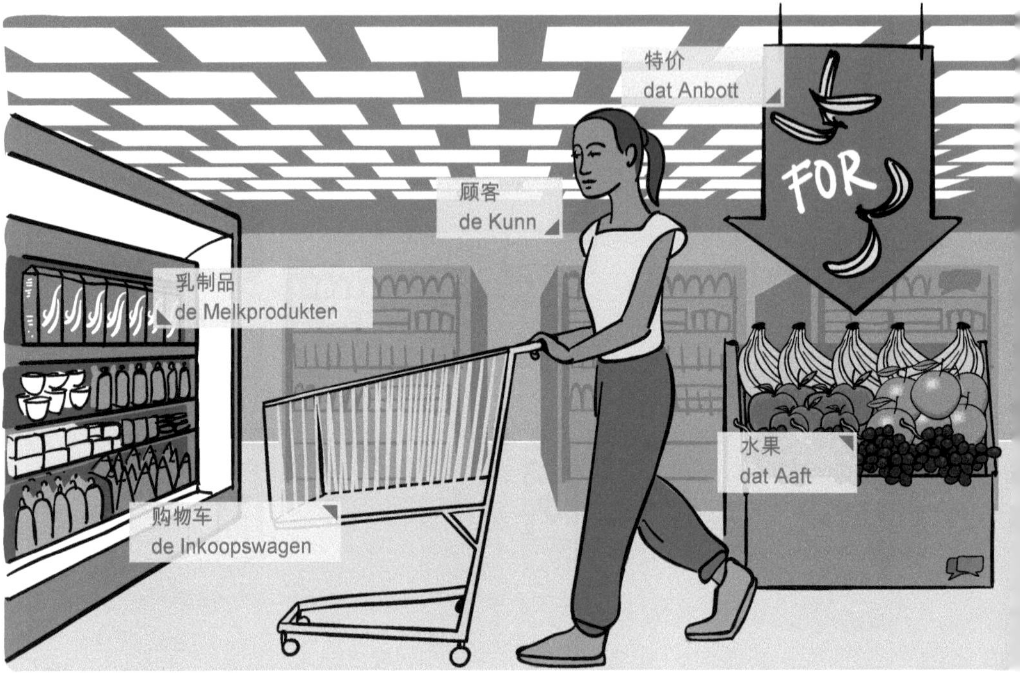

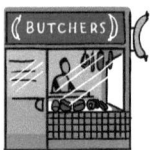

BUTCHERS

肉铺

de Slachterie

BAKERY

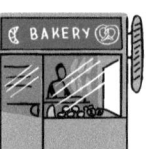

面包房

de Bäckerie

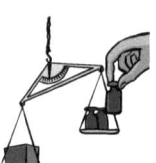

称重

wegen

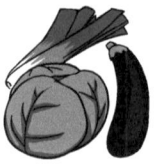

蔬菜

de Gröönsaken

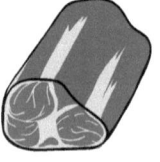

肉

dat Fleesch

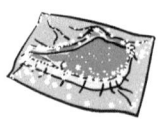

冷冻食品

de Deepköhlkost

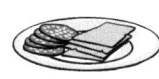

冷盘

de Opsnitt

罐头食品

de Konserven

洗衣粉

de Waschmiddel

甜食

de Snoopkraam

日用品

de Huushooltssaken

清洁用品

de Reinmaaktüüch

销售员

de Verköpersche

收银机

de Kass

收银员

de Kasserer

购物清单

de Inkoopslist

开放时间

de Opsparrtieden

钱包

de Breeftasch

信用卡

de Kreditkoort

袋子

de Tasch

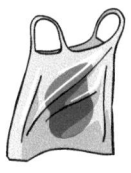

塑料袋

de Plastiktüüt

水

dat Water

果汁

de Saft

牛奶

de Melk

可乐

de Cola

红酒

de Wien

啤酒

dat Beer

酒

de Spriet

可可

de Kakao

茶

de Tee

咖啡

de Koffie

意式浓缩咖啡

de Espresso

卡布奇诺

de Cappucino

# dat Eten

香蕉

de Banaan

苹果

de Appel

橙子

de Appelsien

西瓜

de Meloon

柠檬

de Zitroon

胡萝卜

de Wöttel

大蒜

de Knuuvlook

竹子

de Bambus

洋葱

de Zibbel

蘑菇

de Poggenstohl

坚果

de Nööt

面条

de Nudeln

意大利面条

de Spaghetti

米饭

de Ries

沙拉

de Salat

薯条

de Pommes frites

炸土豆

de Braadkantüffeln

披萨饼

de Pizza

汉堡包

de Hamborger

三明治

dat Sandwich

炸猪排

dat Snitzel

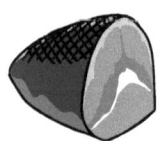

火腿

de Schinken

萨拉米

de Salami

香肠

de Wust

鸡肉

dat Hohn

烤肉

de Braden

鱼

de Fisch

燕麦片
de Haverflocken

穆兹利
dat Müsli

玉米片
de Cornflakes

面粉
dat Mehl

羊角面包
de Croissant

面包卷
dat Rundstück

面包
dat Broot

烤面包
dat Toast

饼干
de Keksen

黄油
de Botter

凝乳
de Quark

蛋糕
de Koken

蛋
dat Ei

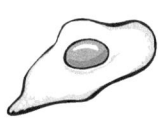

煎蛋
dat Spegelei

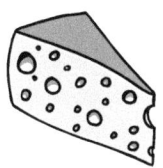

奶酪
de Kees

冰激凌

de Ies

糖

de Zucker

蜂蜜

de Honnig

果酱

de Marmelaad

巧克力酱

de Nougat-Creme

咖喱饭

dat Curry

# 农场

# de Buernhoff

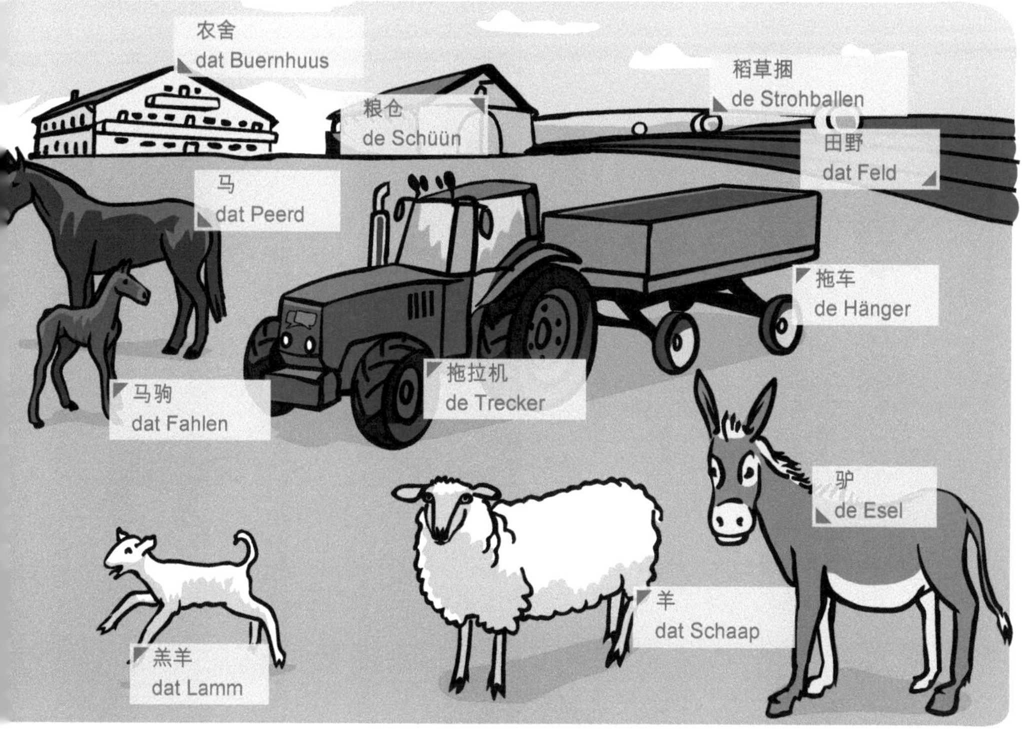
农舍
dat Buernhuus
粮仓
de Schüün
稻草捆
de Strohballen
田野
dat Feld
马
dat Peerd
拖车
de Hänger
拖拉机
de Trecker
马驹
dat Fahlen
驴
de Esel
羊
dat Schaap
羔羊
dat Lamm

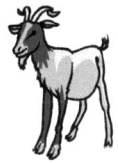

山羊

de Zeeg

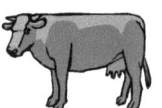

奶牛

de Koh

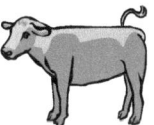

牛犊

dat Kalf

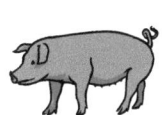

猪

dat Swien

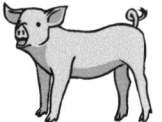

小猪

dat Farken

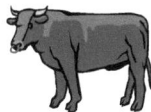

公牛

de Bull

鹅

de Goos

鸭

de Aant

小鸡

dat Küken

母鸡

dat Hohn

公鸡

de Hahn

鼠

de Rott

猫

de Katt

老鼠

de Muus

牛

de Oss

狗

de Hund

狗屋

de Hunnenhütt

花园浇水软管

de Goornslauch

洒水壶

de Geetkann

长柄大镰刀

de Lee

犁

de Ploog

镰刀

de Sich

锄头

de Hack

长柄草耙

de Mestfork

斧头

de Ext

独轮手推车

de Schuufkoor

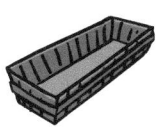

饲料槽

de Trog

牛奶罐

de Melkkann

麻布袋

de Sack

栅栏

de Tuun

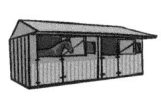

马厩

de Stall

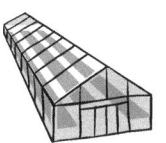

温室

dat Drievhuus

土壤

de Bodden

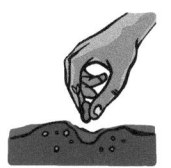

种子

de Saat

肥料

de Dünger

联合收割机

de Meihdöscher

收割

oornen

收割

de Oorn

山药

de Yamswöttel

小麦

de Weten

大豆

dat Soja

土豆

de Kantüffel

玉米

de Törksche Weten

油菜籽

de Rapp

果树

de Aaftboom

树薯

de Troopsch Kantüffel

谷物

dat Koorn

# 房子

# dat Huus

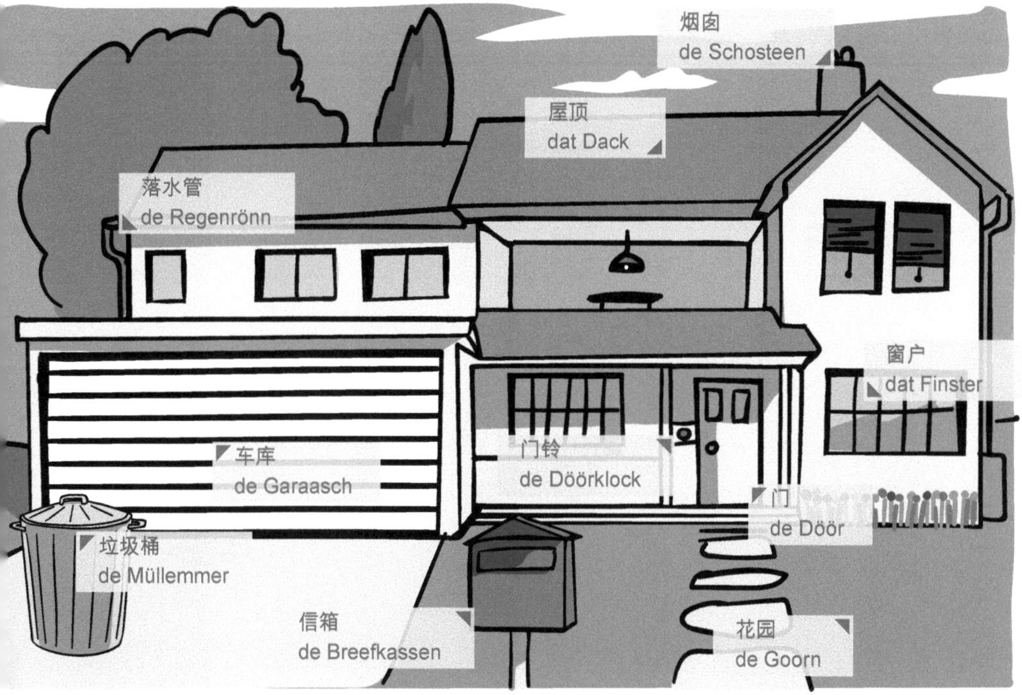

烟囱
de Schosteen
屋顶
dat Dack
落水管
de Regenrönn
窗户
dat Finster
车库
de Garaasch
门铃
de Döörklock
门
de Döör
垃圾桶
de Müllemmer
信箱
de Breefkassen
花园
de Goorn


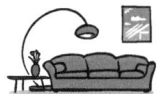

客厅

de Wahnstuuv

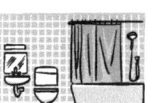

浴室

de Baadstuuv

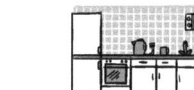

厨房

de Köök

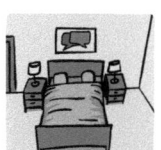

卧室

de Slaapstuuv

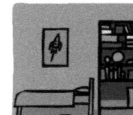

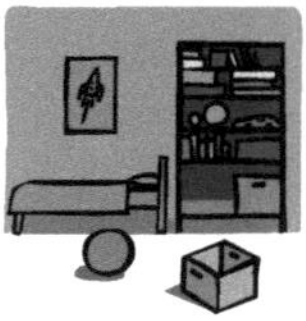

儿童房

de Kinnerstuuv

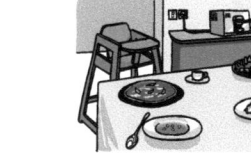

餐厅

de Eetstuuv

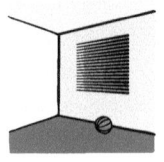

地板

de Footbodden

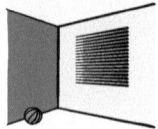

墙壁

de Wand

吊顶

de Deek

地窖

de Keller

桑拿

dat Hittluftbad

阳台

de Balkon

露台

de Terrass

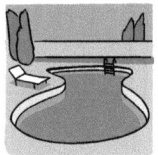

游泳池

dat Swümmbad

割草机

de Rasenmeiher

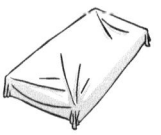

被单

de Bettbetog

床罩

de Bettdeek

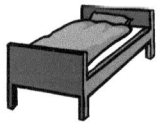

床

de Puuch

扫帚

de Bessen

水桶

de Emmer

开关

de Schalter

# de Wahnstuuv

壁纸
de Tapeet
照片
dat Bild
台灯
de Lamp
搁架
dat Regal
橱柜
dat Schapp
电视机
de Kiekkassen
壁炉
de Kamin
花
de Bloom
垫子
dat Küssen
沙发
dat Sofa
花瓶
de Vaas
遥控器
de Feernbedenen


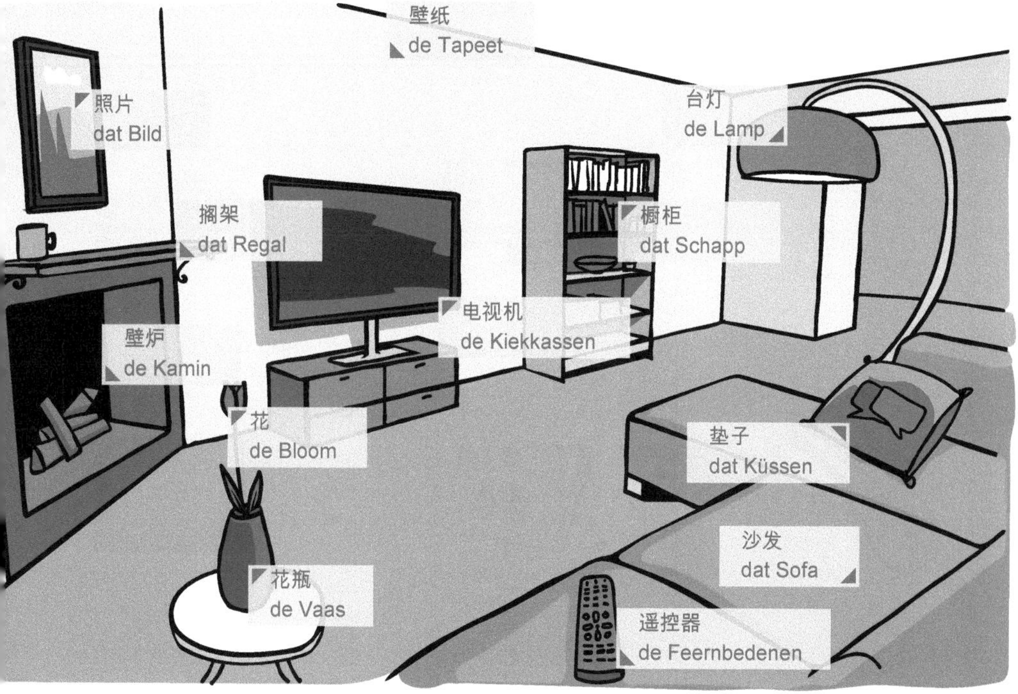

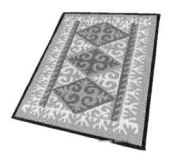

地毯

de Teppich

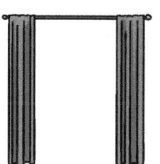

窗帘

de Vörhang

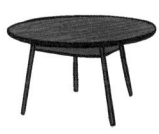

餐桌

de Disch

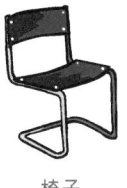

椅子

de Stohl

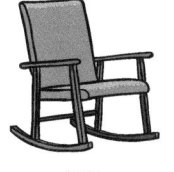

摇椅

de Schuckelstohl

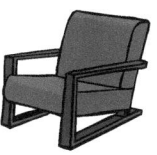

扶手椅

de Sessel

书

dat Book

毯子

de Deek

装饰品

de Dekoratschoon

木柴

dat Füerholt

电影

de Film

高保真音响

de Stereoanlaag

钥匙

de Slötel

报纸

dat Narichtenblatt

油画

dat Gemälde

海报

dat Poster

收音机

dat Radio

笔记本

de Opschrievblock

吸尘器

de Huulbessen

仙人掌

de Kaktus

蜡烛

de Kars

# 厨房
# de Köök

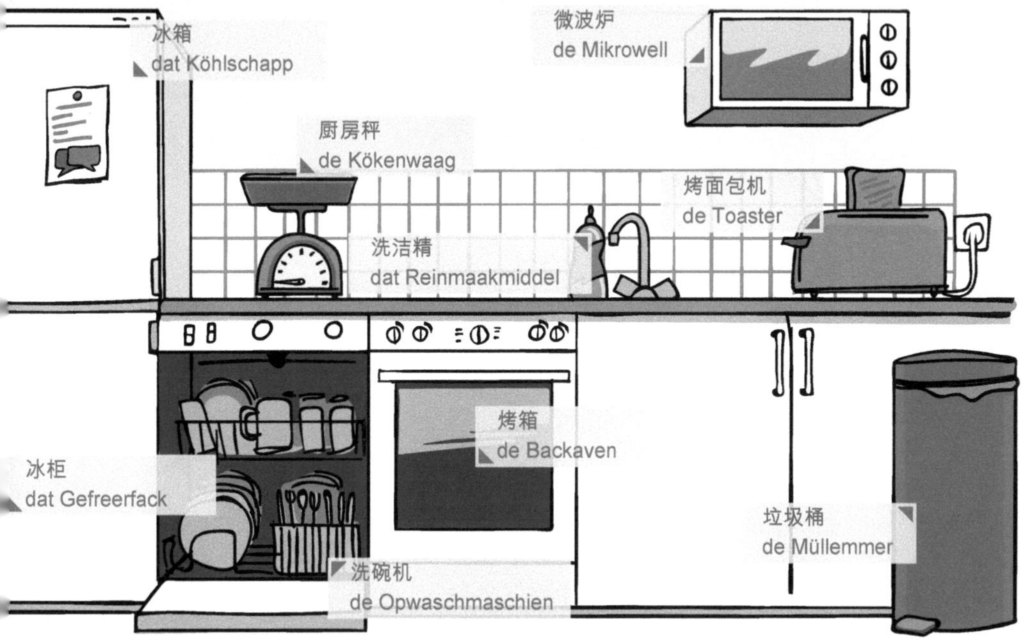

冰箱
dat Köhlschapp
微波炉
de Mikrowell
厨房秤
de Kökenwaag
烤面包机
de Toaster
洗洁精
dat Reinmaakmiddel
烤箱
de Backaven
冰柜
dat Gefreerfack
垃圾桶
de Müllemmer
洗碗机
de Opwaschmaschien


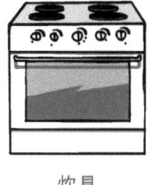

炊具

de Heerd

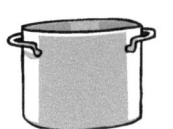

锅

de Pott

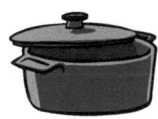

铸铁锅

de Gussiesern Putt

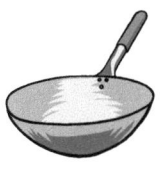

炒锅

de Wok / Kadai

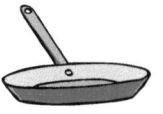

平底锅

de Pann

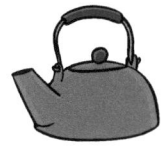

水壶

de Waterkaker

蒸锅

de Dampkaakputt

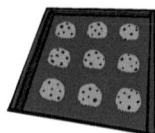

烤盘

dat Backblick

陶瓷锅

dat Geschirr

马克杯

de Beker

碗

de Schaal

筷子

de Eetsticken

长柄勺

de Suppenkell

铲子

de Pannenwenner

搅拌器

de Sneebessen

滤网

dat Kaakseef

筛子

dat Seef

磨碎机

de Riev

研钵

de Mörser

烧烤

de Grill

明火

de Füerstell

菜板

dat Sniedbrett

擀面杖

dat Nudelholt

开瓶器

de Proppentrecker

罐子

de Doos

开罐器

de Dosenaapner

隔热手套

de Pottlappen

水槽

dat Waschbecken

刷子

de Böst

海绵

de Swamm

搅拌机

de Mixer

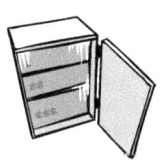

冷藏箱

dat Iesschapp

奶瓶

de Nuckelbuddel

水龙头

de Waterhahn

# 浴室
# de Baadstuuv

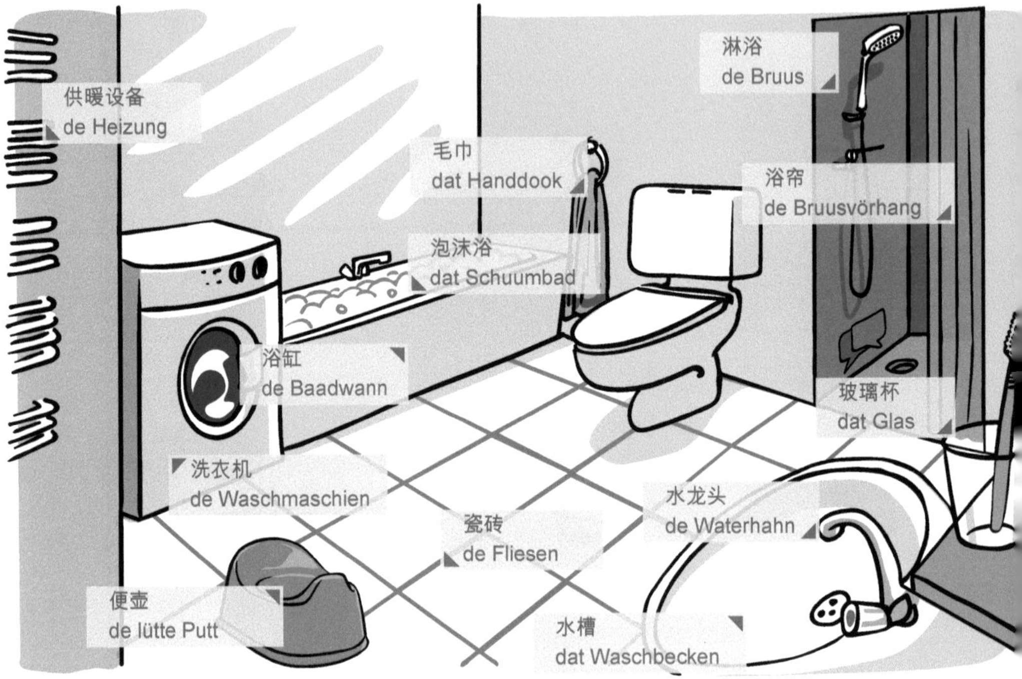

供暖设备
de Heizung
毛巾
dat Handdook
淋浴
de Bruus
浴帘
de Bruusvörhang
泡沫浴
dat Schuumbad
浴缸
de Baadwann
玻璃杯
dat Glas
洗衣机
de Waschmaschien
水龙头
de Waterhahn
瓷砖
de Fliesen
便壶
de lütte Putt
水槽
dat Waschbecken


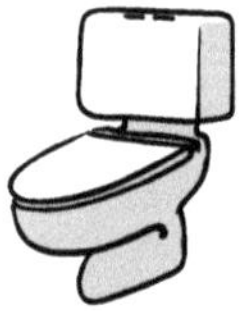

厕所

de Tante Meier

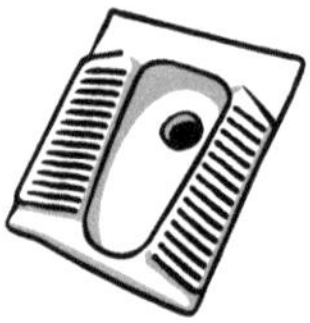

蹲便器

de Hockklo

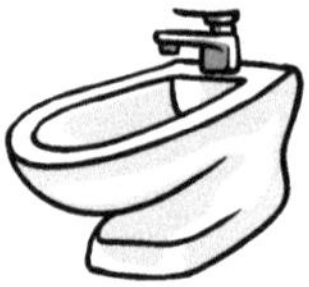

坐浴器

dat Bidet

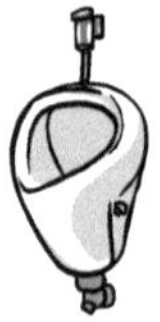

小便池

dat Miegbecken

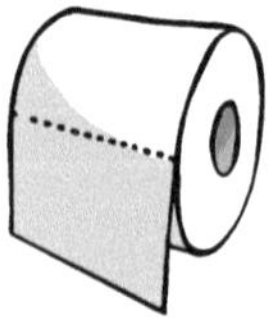

厕纸

dat Klopapeer

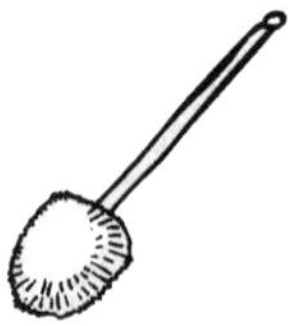

马桶刷

de Kloböst

牙刷

de Tähnböst

牙膏

de Tähnpast

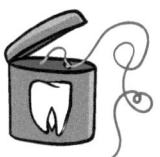

牙线

de Tähnsied

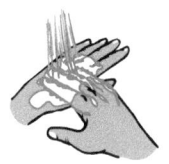

洗

waschen

手持式喷淋头

de Handbruus

冲洗器

de Intimbruus

洗脸盆

de Waschschöttel

擦背刷

de Rüchböst

肥皂

de Seep

沐浴露

dat Bruusgeel

洗发水

dat Hoorwaschmiddel

沫兰绒

de Waschlappen

排水

de Afloop

乳霜

de Creme

除臭剂

dat Deodorant

镜子

de Spegel

手镜

de Kosmetikspegel

剃须刀

de Raserer

剃须泡沫

de Raseerschuum

须后水

dat Raseerwater

梳子

de Kamm

刷子

de Böst

吹风机

de Hoordröger

喷发定型剂

dat Hoorspray

化妆品

de Smink

唇膏

de Lippensticken

指甲油

de Nagellack

化妆棉

de Watt

指甲剪

de Nagelscheer

香水

dat Rüükwater

洗漱包

de Kulturbüdel

凳子

de Schemel

计重秤

de Waag

浴袍

de Baadmantel

橡胶手套

de Gummihanschen

卫生棉条

de Tampon

卫生巾

de Damenbinn

化学厕所

dat Chemieklo

# 儿童房
# de Kinnerstuuv

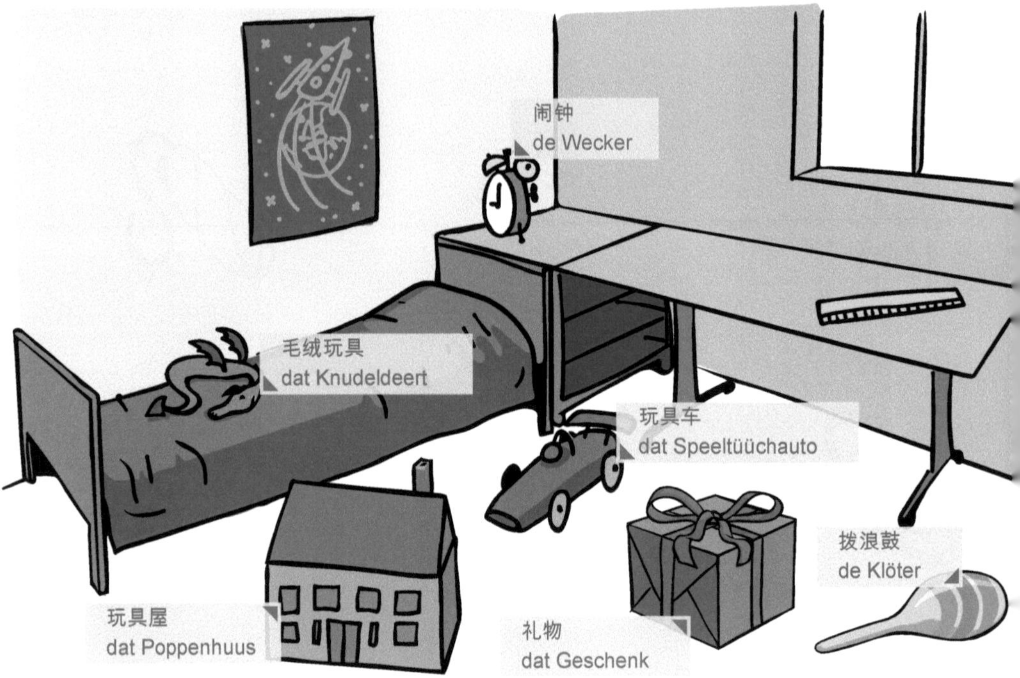

闹钟
de Wecker
毛绒玩具
dat Knudeldeert
玩具车
dat Speeltüüchauto
拨浪鼓
de Klöter
玩具屋
dat Poppenhuus
礼物
dat Geschenk


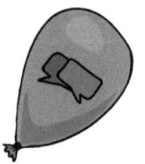

气球

de Luftballon

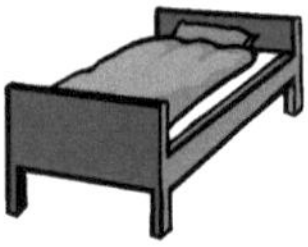

床

de Puuch

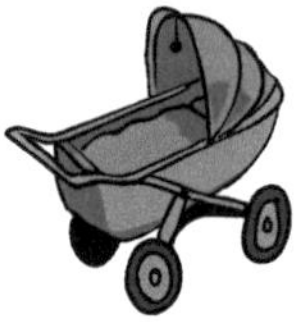

（洋娃娃用）婴儿车

de Kinnerwagen

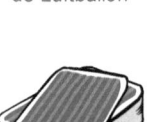

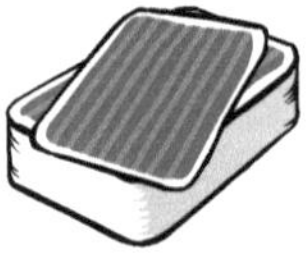

扑克牌

dat Koortenspeel

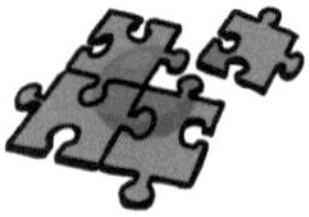

拼图

dat Puzzle

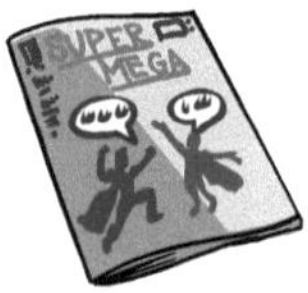

SUPER MEGA


漫画

de Billergeschicht

乐高积木

de Legostenen

积木玩具

de Bustenen

玩具人

de Action-Figur

婴儿服

de Strampelantog

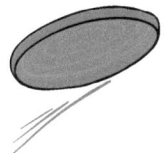

飞盘

de Frisbeeschiev

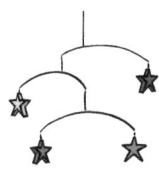

床铃玩具

dat Mobile

棋盘游戏

dat Brettspeel

骰子

de Wörpel

火车模型

de Modelliesenbahn

安抚奶嘴

de Snuller

聚会

de Party

绘本

dat Billerbook

球

de Ball

洋娃娃

de Popp

玩

spelen

沙坑

de Sandkassen

秋千

de Schuckel

玩具

dat Speeltüüch

游戏机

de Speelkonsool

三轮车

dat Dreerad

泰迪熊

de Teddyboor

衣柜

dat Klederschapp

# 衣服

## dat Tüüch

袜子

de Socken

长袜

de Strümp

紧身裤

de Strumpbüx

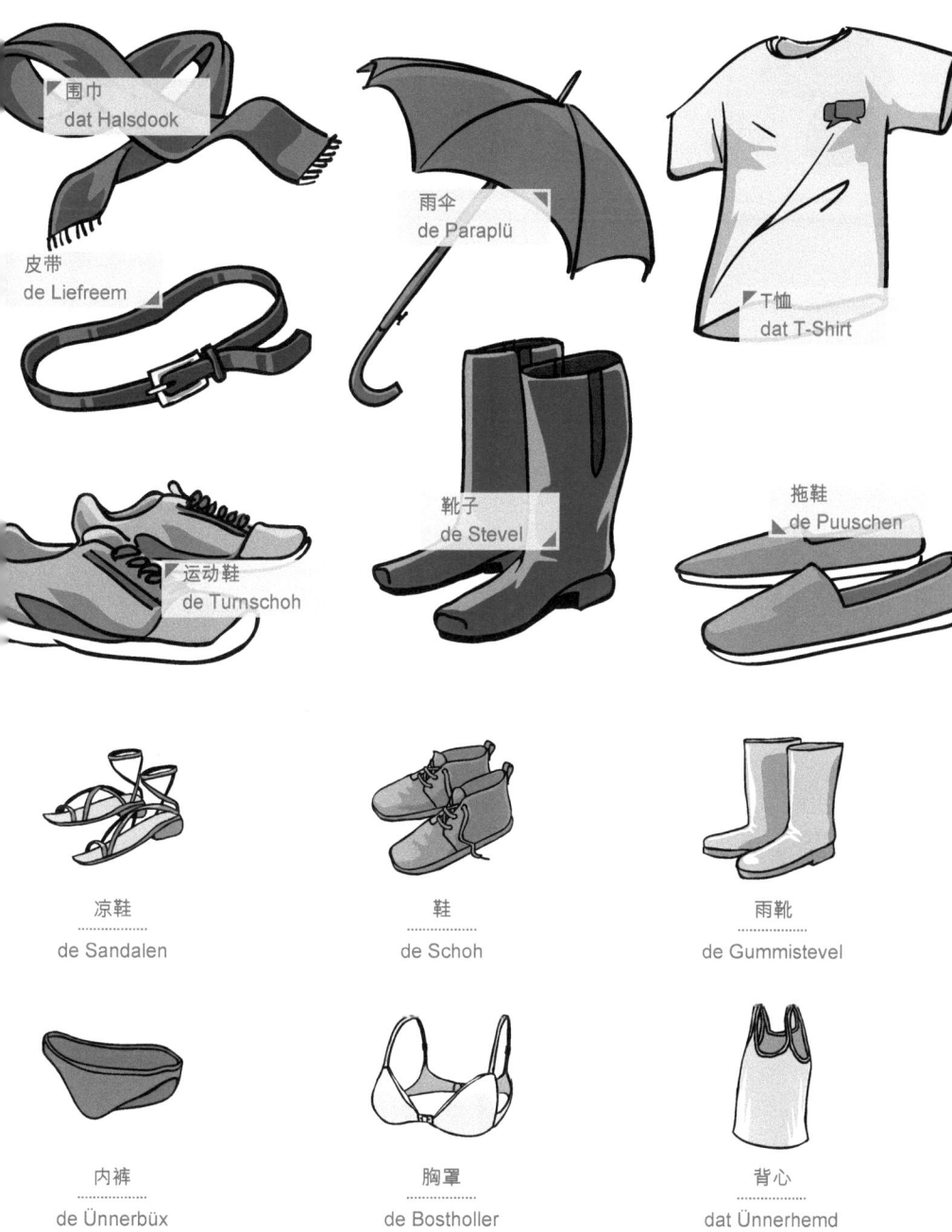

围巾
dat Halsdook

雨伞
de Paraplü

T恤
dat T-Shirt

皮带
de Liefreem

靴子
de Stevel

拖鞋
de Puuschen

运动鞋
de Turnschoh

凉鞋
de Sandalen

鞋
de Schoh

雨靴
de Gummistevel

内裤
de Ünnerbüx

胸罩
de Bostholler

背心
dat Ünnerhemd

衣服 - dat Tüüch                                45

身体
de Lief

裤子
de Büx

牛仔裤
de Jeansnüx

短裙
de Rock

女式衬衫
de Bluus

衬衫
dat Hemd

套头衫
de Pullover

卫衣
de Kapuzenpullover

西装夹克
de Blazer

夹克
de Jack

外套
de Mantel

雨衣
de Övertrecker

套装
dat Kostüm

连衣裙
dat Kleed

婚纱
dat Hochtietskleed

西装

de Antog

睡袍

dat Nachtkleed

睡衣

de Slaapantog

莎丽

de Sari

头巾

dat Koppdook

包头巾

de Turban

波卡

de Burka

卡夫坦

de Kaftan

(阿拉伯式)长袍长袍

de Abaya

泳衣

de Baadantog

男式泳裤

de Baadbüx

短裤

de Korte Büx

运动服

de Antog to'n Öven

围裙

de Schört

手套

de Handschoh

纽扣

de Knopp

眼镜

de Brill

手链

dat Armband

项链

de Halskeed

戒指

de Ring

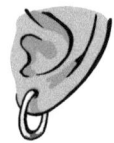

耳环

de Ohrbummel

便帽

de Mütz

衣架

de Klederbögel

帽子

de Hoot

领带

de Binner

拉链

de Rietslüter

头盔

de Helm

背带

dat Drachtband

校服

de Schooluniform

制服

de Uniform

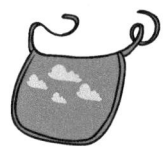

围兜

de Severböten

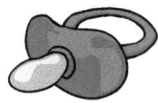

安抚奶嘴

de Snuller

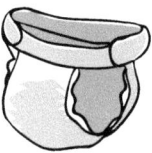

尿不湿

de Winnel

# 办公室

# dat Büro

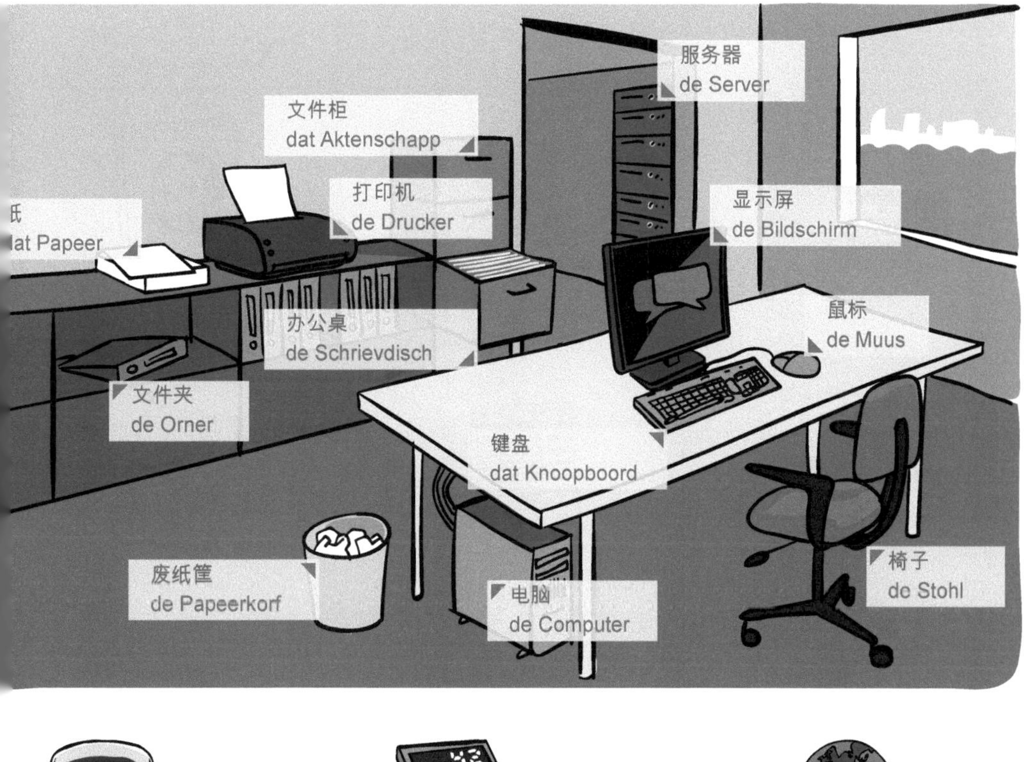

服务器
de Server
文件柜
dat Aktenschapp
Papeer
打印机
de Drucker
显示屏
de Bildschirm
鼠标
de Muus
办公桌
de Schrievdisch
文件夹
de Orner
键盘
dat Knoopboord
废纸篓
de Papeerkorf
电脑
de Computer
椅子
de Stohl


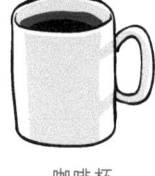

咖啡杯

de Koffiebeker

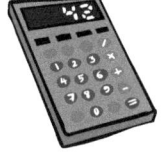

计算器

de Taschenreekner

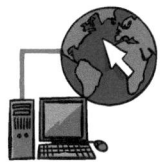

因特网

dat Internet

笔记本电脑

de Klappreekner

信件

de Breef

消息

de Naricht

手机

de Ackersnacker

网络

dat Nettwark

复印机

de Kopeerapparat

软件

de Software

电话

de Klöönkassen

插座

de Steekdoos

传真机

de Faxapparat

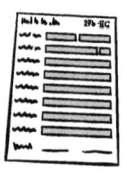

表格

dat Formulor

文件

dat Dokument

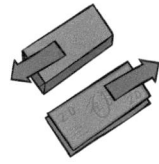

买
köpen

付钱
betahlen

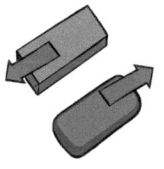

交易
hanneln

现金
dat Geld

USD

美元
de Dollar

EUR

欧元
de Euro

JPY

日元
de Yen

RUB

卢布
de Ruvel

CHF

瑞士法郎
de Swiezer Franken

CNY

人民币
de Renminbi Yuan

INR

卢比
de Rupie

提款处
de Geldautomat

外币兑换处

de Wesselstuuv

金

dat Gold

银

dat Sülver

石油

dat Ööl

能源

de Energie

价格

de Pries

合同

de Verdrag

税金

de Stüer

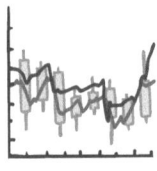

股票

de Andeelschien

工作

arbeiden

职员

de Anstellte

老板

de Arbeitgever

工厂

de Fabrik

商店

de Hökerie

# de Profeschonen

警官
de Wachtmeester

消防员
de Füerwehrmann

厨师
de Kock

医生
de Dokter

飞行员
de Fleger

园丁
de Goorner

木匠
de Discher

裁缝
de Neihersche

法官
de Richter

化学家
de Chemiker

演员
de Schauspeler

公交车司机

de Busfohrer

出租车司机

de Taxifohrer

渔夫

de Fischer

清洁女工

de Reinmaakfru

屋顶工

de Dackdecker

服务员

de Kellner

猎人

de Jäger

画家

de Maler

面包师

de Bäcker

电工

de Elektriker

建筑工人

de Buarbeider

工程师

de Ingenieur

屠夫

de Slachter

水管工

de Klempner

邮递员

de Postbüdel

士兵

de Suldat

建筑师

de Architekt

收银员

de Kasserer

花农

de Florist

理发师

de Putzbüdel

售票员

de Schaffner

机械师

de Mechaniker

船长

de Kaptein

牙医

de Tähndokter

科学家

de Wetenschopler

拉比

de Rabbi

伊玛目

de Imam

和尚

de Mönk

牧师

de Paap

# dat Warktüüch

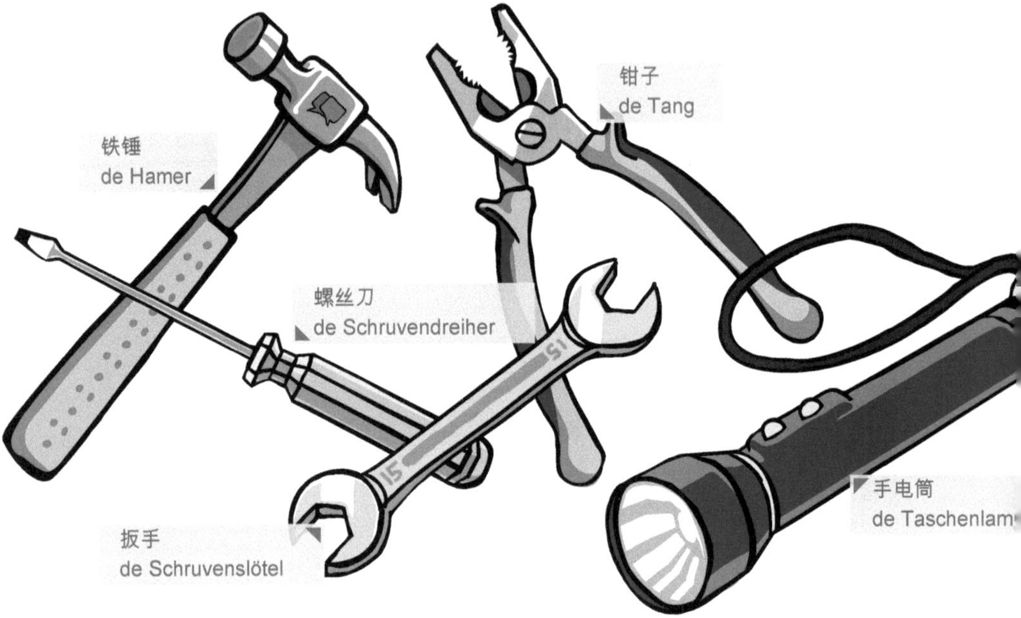
铁锤
de Hamer
钳子
de Tang
螺丝刀
de Schruvendreiher
扳手
de Schruvenslötel
手电筒
de Taschenlam

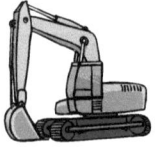

挖掘机

de Grieper

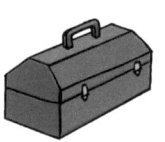

工具箱

de Warktüüchkassen

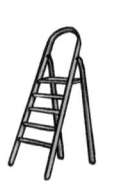

梯子

de Ledder

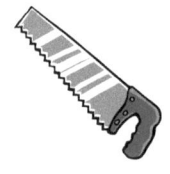

锯子

de Saag

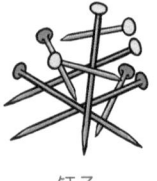

钉子

de Nagels

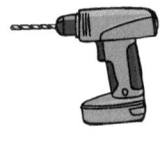

钻机

de Bohrer

修
heelmaken

铲子
de Schüffel

靠！
Schiet!

簸箕
dat Kehrblick

油漆桶
de Farvpott

螺丝
de Schruven

## 乐器
## de Musikinstrumenten

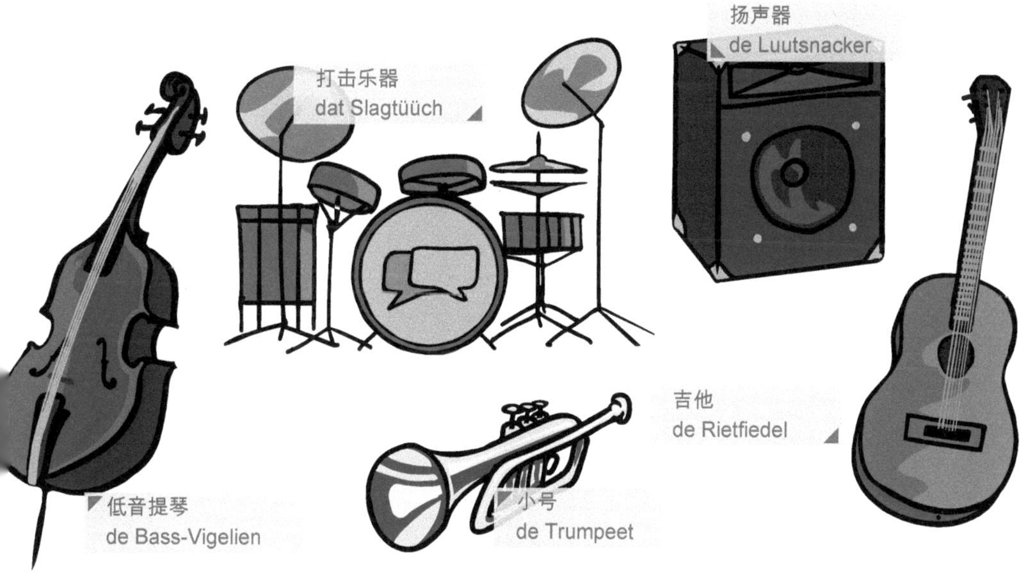

扬声器
de Luutsnacker

打击乐器
dat Slagtüüch

吉他
de Rietfiedel

低音提琴
de Bass-Vigelien

小号
de Trumpeet

钢琴

dat Klaveer

小提琴

de Vigelien

贝斯

de Bass

定音鼓

de Pauk

鼓

de Trummeln

电子琴

dat Keyboard

萨克斯管

dat Saxophon

长笛

de Fleut

麦克风

dat Mikrofoon

# 动物园

# de Deertenpark

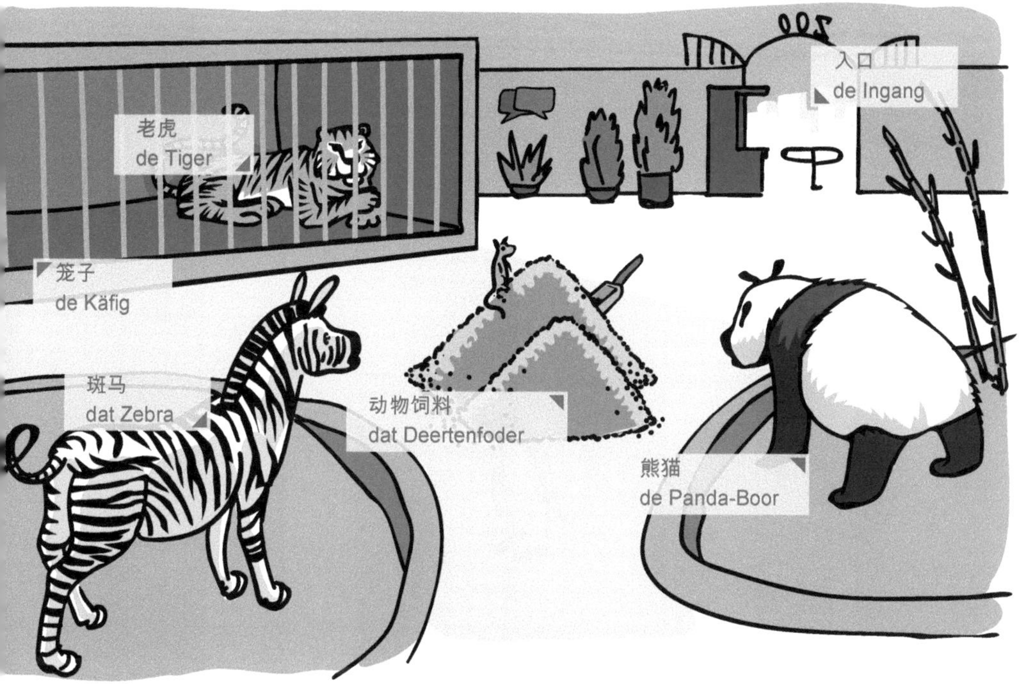

200
入口
de Ingang
老虎
de Tiger
笼子
de Käfig
斑马
dat Zebra
动物饲料
dat Deertenfoder
熊猫
de Panda-Boor


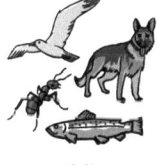

动物

de Deerten

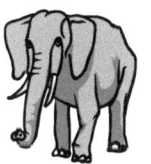

大象

de Elefant

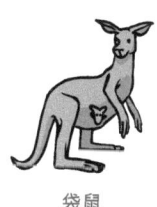

袋鼠

dat Känguru

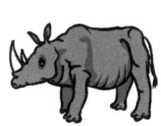

犀牛

dat Neeshoorn

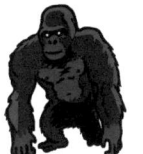

大猩猩

de Gorilla

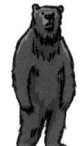

熊

de Boor

骆驼

dat Kameel

蛇鸟

de Struuß

狮子

de Lööv

猴子

de Aap

火烈鸟

de Flamingo

鹦鹉

de Papagoi

北极熊

de Iesboor

企鹅

de Pinguin

鲨鱼

de Haifisch

孔雀

de Pageluun

蛇

de Slang

鳄鱼

dat Krokodil

动物园管理员

de Oppasser in'n
Deertenpark

海豹

de Saalhund

美洲豹

de Jaguor

矮种马

dat Pony

豹

de Leopard

河马

dat Nilpeerd

长颈鹿

de Giraff

老鹰

de Aadler

野猪

dat Wildswien

鱼

de Fisch

龟

de Schildkrööt

海象

dat Walross

狐狸

de Voss

羚羊

de Gazell

橄榄球
de Amerikaansch Football

骑自行车
dat Radfohren

网球
dat Tennis

篮球
de Korfball

游泳
dat Swümmen

拳击
dat Boxen

冰球
dat Ieshockey

英式足球
de Football

羽毛球
dat Fedderball

田径
de Leichtathletik

手球
de Handball

滑雪
dat Skilopen

马球
dat Polo

活动

# de Aktivitäten

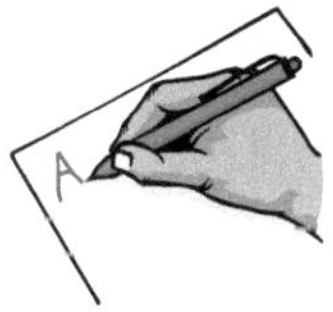

笑
lachen

跳
springen

拥抱
ümarmen

走路
gahn

唱
singen

祈祷
beden

亲吻
snuteln

做梦
drömen

书写
schrieven

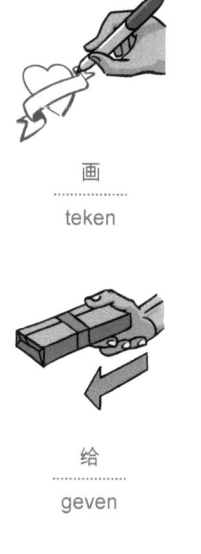

画
teken

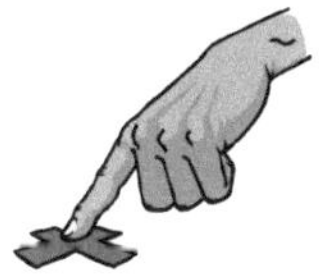

展示
wiesen

推
drücken

给
geven

拿
nehmen

有

hebben

做

doon

当

sien

站

stahn

跑

lopen

拉

trecken

扔

smieten

摔倒

fallen

躺

liggen

等待

töven

携带

dregen

坐

sitten

穿衣

antrecken

睡觉

slapen

醒来

opwaken

看
ankieken

哭
wenen

抚摸
eien

梳头
kämmen

交谈
snacken

明白
verstahn

问
fragen

听
hören

喝
drinken

吃
eten

清理
oprümen

爱
leefhebben

做饭
kaken

开车
fohren

飞
flegen

航行

segeln

计算

reken

读

lesen

学习

lehren

工作

arbeiden

结婚

de Plünnen tohoopsmieten

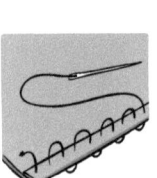

缝

neihen

刷牙

Tähnen putzen

杀

dootmaken

抽烟

smöken

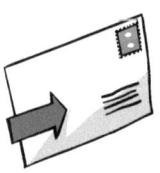

寄

schicken

祖母
de Grootmoder

祖父
de Grootvadder

父亲
de Vadder

母亲
de Moder

童
t Winnelkind

女儿
de Dochter

儿子
de Söhn

客人

de Gast

阿姨

de Tant

叔叔

de Unkel

兄弟

de Broder

姐妹

de Süster

# de Lief

前额
▶ de Vörkopp

眼睛
dat Oog ◢

肩膀
de Schuller ◢

脸
dat Gesicht ◥

手指
de Finger ▶

下巴
dat Kinn ◥

手
de Hand ◥

乳房
de Bost ◢

腿
dat Been ◥

手臂
de Arm ◥

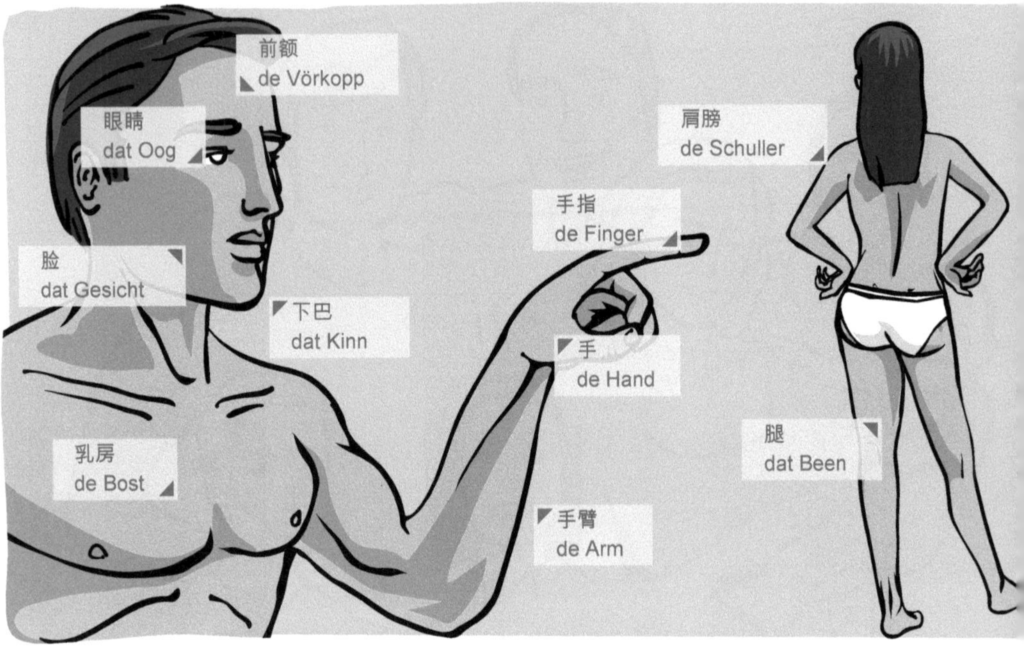

婴童
dat Winnelkind

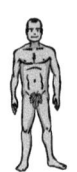

男人
de Mann

女人
de Fro

女孩
de Deern

男孩
de Jung

头
de Arm

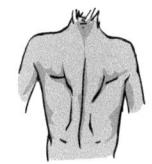

背部

de Rüch

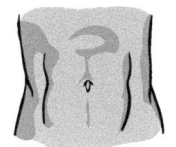

肚子

de Buuk

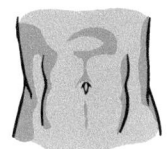

肚脐

de Navel

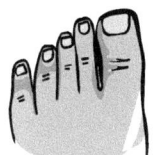

脚趾

de Teh

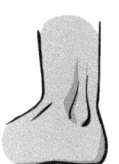

脚后跟

de Hack

骨头

de Knaken

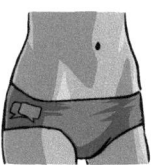

臀部

de Hüft

膝盖

dat Knee

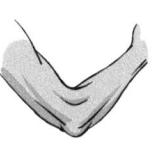

手肘

de Ellbagen

鼻子

de Nees

屁股

de Achtersen

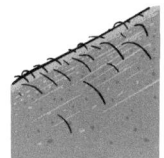

皮肤

de Huut

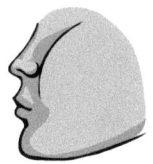

脸颊

de Back

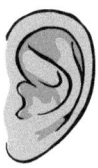

耳朵

dat Ohr

嘴唇

de Lipp

嘴

de Mund

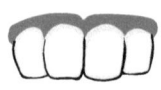

牙齿

de Tähn

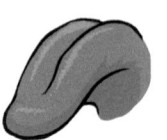

舌头

de Tung

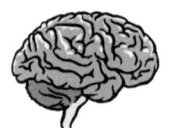

脑

de Bregen

心脏

dat Hart

肌肉

de Muskel

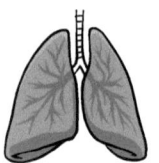

肺

de Lung

肝脏

de Lever

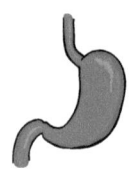

胃

de Maag

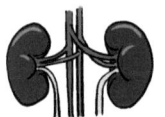

肾脏

de Neren

性交

de Bislaap

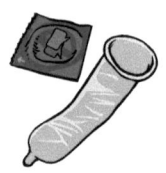

避孕套

dat Kondoom

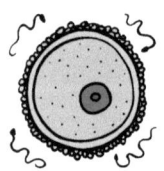

卵子

de Eizell

精子

dat Sperma

怀孕

de Anner Ümstänn

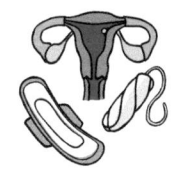

月经

de Menstruatschoon

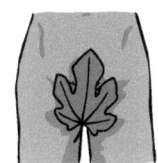

阴道

de Scheed

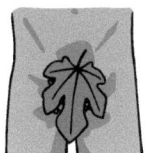

阴茎

de Pint

眉毛

de Ogenbroe

头发

dat Hoor

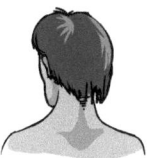

脖子

de Hals

身体 - de Lief

# 医院

# dat Krankenhuus

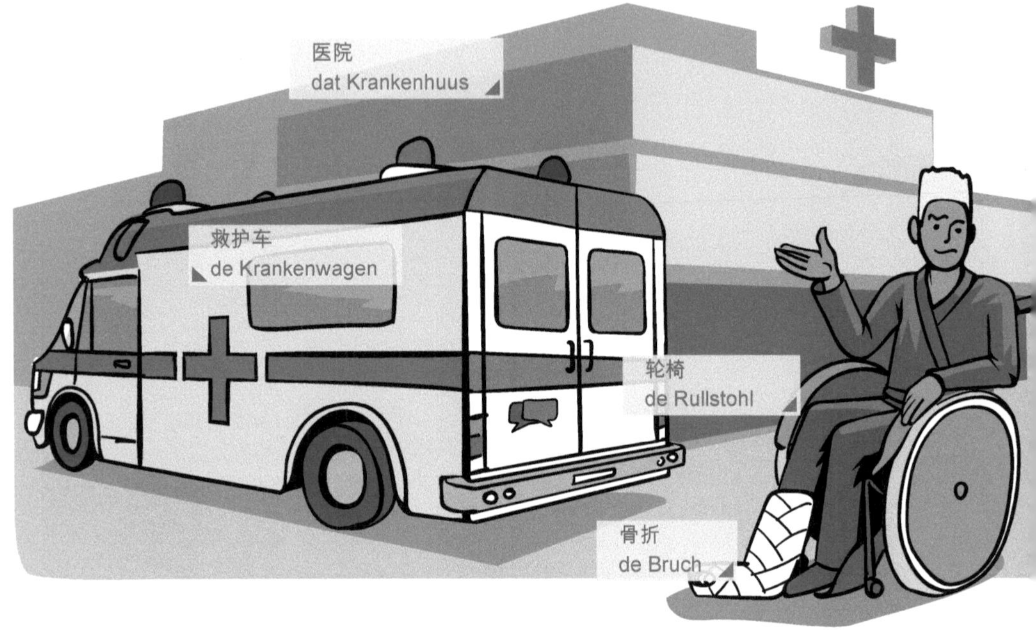

医院
dat Krankenhuus
救护车
de Krankenwagen
轮椅
de Rullstohl
骨折
de Bruch


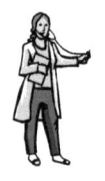

医生

de Dokter

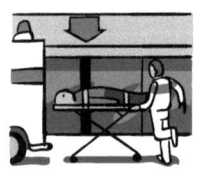

急诊室

de Nootopnahm

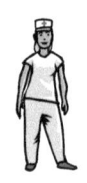

护士

de Krankensüster

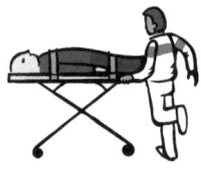

紧急情况

de Nootfall

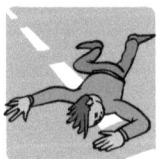

昏迷

ahnmächtig

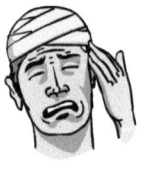

痛

de Wehdaag

受伤

de Verwunnen

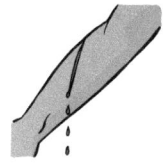

出血

de Blöden

心脏病发作

de Hartinfarkt

中风

de Slaganfall

过敏

de Allergie

咳嗽

de Hoosten

发烧

dat Fever

流感

de Gripp

腹泻

de Dörchfall

头痛

de Koppwehdaag

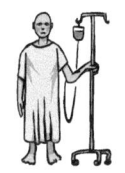

癌症

de Kreeft

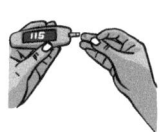

糖尿病

de Zuckersüük

外科医生

de Chirurg

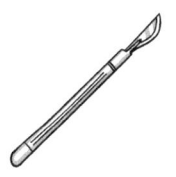

手术刀

dat Chirurgsch Mess

手术

de Operatschoon

CT

dat CT

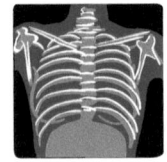

X光

de Dörchlüchten

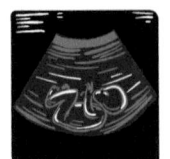

超声波

de Ultraschall

口罩

de Mask

疾病

de Krankheit

候诊室

de Töövruum

拐杖

de Krück

石膏

dat Plaaster

绷带

de Verband

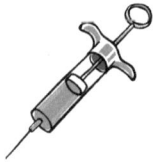

注射

de Insprütten

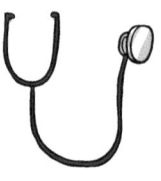

听诊器

dat Stethoskop

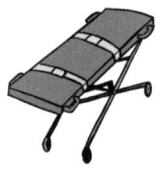

担架

de Draag

体温计

dat Feverthermometer

出生

de Geboort

超重

dat Övergewicht

助听器

de Höörapparat

消毒液

dat Kiemfriemiddel

感染

de Ansteken

病毒

de Virus

艾滋病

dat HIV / AIDS

药物

dat Heelmiddel

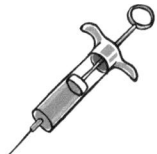

接种疫苗

de Impen

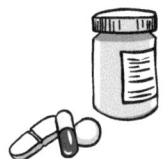

药片

de Tabletten

药丸

de Pill

急救电话

de Nootroop

血压计

de Blootdruck-Meter

生病/健康

krank / gesund

救命！

Hölp!

警报

de Alarm

突击

de Överfall

攻击

de Angreep

危险

de Gefohr

紧急出口

de Nootutgang

着火啦！

dat Füer!

灭火器

de Füerlöscher

意外

de Unfall

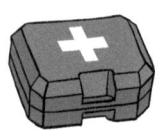

急救箱

de Noothölpkoffer

呼救信号

SOS

警察

de Polizei

欧洲

Europa

北美洲

Noordamerika

南美洲

Süüdamerika

非洲

Afrika

亚洲

Asien

澳洲

Australien

大西洋

de Atlantik

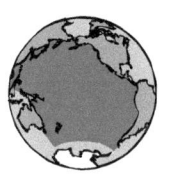

太平洋

de Pazifik

印度洋

dat Indisch Weltmeer

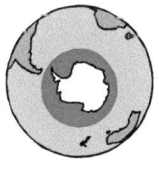

南冰洋

dat Antarktisch Weltmeer

北冰洋

dat Arktisch Weltmeer

北极

de Noordpol

南极

de Süüdpol

南极洲

de Antarktis

地球

de Eerd

陆地

dat Land

海

de See

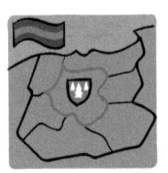

岛

dat Eiland

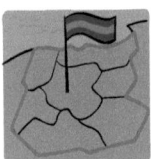

国家

de Natschoon

国家

de Staat

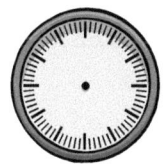

钟面
.............
dat Tallenblatt

时针
.............
de Stunnenwieser

分针
.............
de Minutenwieser

秒针
.............
de Sekunnenwieser

现在几点？
.............
Wo laat is dat?

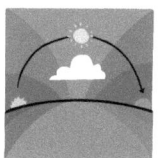

天
.............
de Dag

时间
.............
de Tiet

现在
.............
nu

电子表
.............
de digetaalsch Klock

分
.............
de Minuut

时
.............
de Stunn

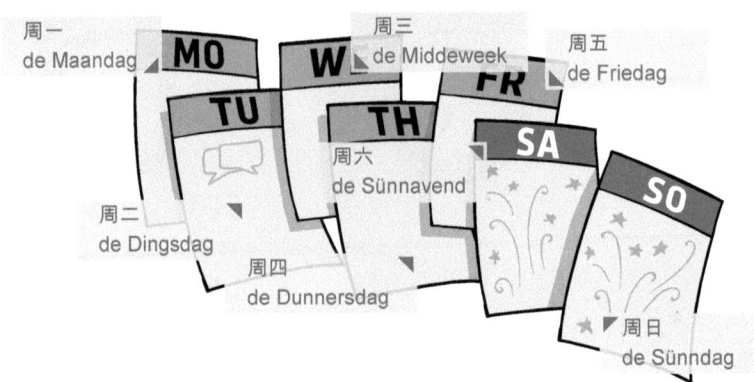

周一 de Maandag
周三 de Middeweek
周五 de Friedag
周二 de Dingsdag
周六 de Sünnavend
周四 de Dunnersdag
周日 de Sünndag

昨天

güstern

今天

hüüt

明天

morgen

早晨

de Morgen

中午

de Meddag

晚上

de Avend

工作日

de Arbeitsdaag

周末

dat Wekenenn

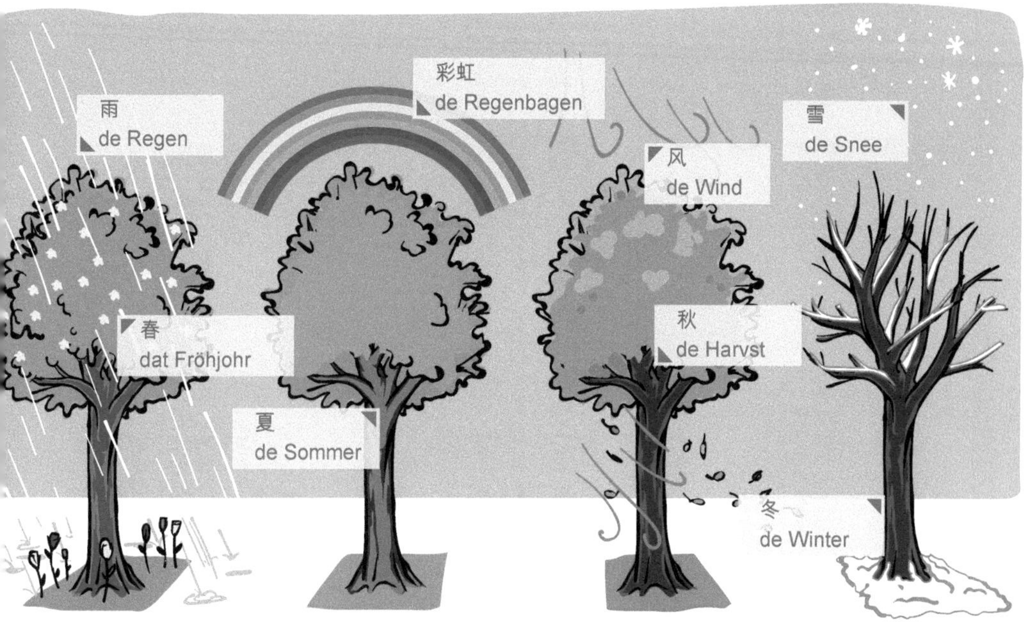

雨
▶ de Regen

彩虹
▶ de Regenbagen

风
▶ de Wind

雪
▶ de Snee

春
▶ dat Fröhjohr

秋
▶ de Harvst

夏
▶ de Sommer

冬
▶ de Winter

天气预报

de Wedervörhersaag

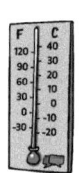

温度计

dat Thermometer

阳光

de Sünnenschien

云

de Wulk

雾

de Nevel

潮湿

de Luftfuchtigkeit

闪电

de Blitz

打雷

de Dunner

风暴

de Storm

冰雹

de Hagel

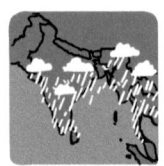

季风

de Monsun

洪水

de Floot

冰

dat Ies

一月

de Januormaand

二月

de Februormaand

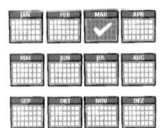

三月

de Martmaand

四月

de Aprilmaand

五月

de Maimaand

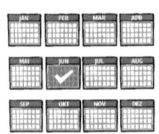

六月

de Junimaand

七月

de Julimaand

八月

de Augustmaand

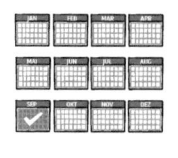

九月

de Septembermaand

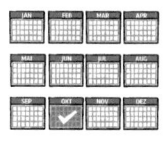

十月

de Oktobermaand

十一月

de Novembermaand

十二月

de Dezembermaand

## 形状
## de Formen

圆形

de Krink

正方形

dat Quadrat

长方形

dat Rechteck

三角形

dat Dreeeck

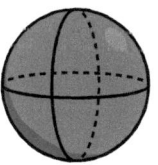

球体

de Kugel

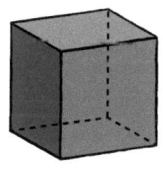

立方体

de Wörpel

白
witt

黄
geel

橙
orangsch

粉
pink

红
root

紫
lila

蓝
blau

绿
gröön

棕
bruun

灰
gries

黑
swart

很多/少许

veel / wenig

生气/平静

böös / verdreeglich

美/丑

smuck / mies

首/尾

de Begünn / dat Enn

大/小

groot / lütt

明/暗

hell / düüster

兄弟/姐妹

de Broder / de Süster

干净/肮脏

schier / schietig

完整/缺失

kumpleet / nich kumpleet

白天/晚上

de Dag / de Nacht

死/生

doot / lebennig

宽/窄

breet / small

可食用/非食用

geneetbor / nich geneetbor

邪恶/善良

böös / fründlich

兴奋/无聊

fickerig / langwielt

胖/瘦

dick / dünn

第一/最后

toeerst / toletzt

朋友/敌人

de Fründ / de Fiend

满/空

vull / leddig

硬/软

hart / week

重/轻

swoor / licht

饿/渴

de Smacht / de Döst

生病/健康

krank / gesund

非法/合法

nich na't Recht / na't Recht

聪明/愚笨

klook / dummerhaftig

左/右

linkerhand / rechterhand

近/远

neeg / feern

反义词 - de Gegendelen

新/旧

nieg / bruukt

没有/有些

nix / wat

老/幼

oolt / jung

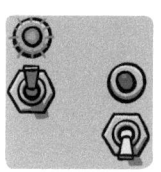

开/关

an / ut

打开/合上

apen / slaten

安静/吵闹

lies / luut

富/穷

riek / arm

对/错

richtig / verkehrt

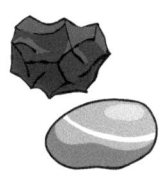

粗糙/光滑

ruug / glatt

伤心/高兴

trurig / glücklich

短/长

kort / lang

慢/快

suutje / flink

湿/干

natt / dröög

温暖/凉爽

warm / köhl

战争/和平

de Krieg / de Freden

反义词 - de Gegendelen

# 数字

## de Tallen

**0**

零

null

**1**

一

een

**2**

二

twee

**3**

三

dree

**4**

四

veer

**5**

五

fief

**6**

六

söss

**7**

七

söven

**8**

八

acht

**9**

九

negen

**10**

十

teihn

**11**

十一

ölven

# 12
十二
twölf

# 13
十三
dörteihn

# 14
十四
veerteihn

# 15
十五
föffteihn

# 16
十六
sössteihn

# 17
十七
söventeihn

# 18
十八
achtteihn

# 19
十九
negenteihn

# 20
二十
twintig

# 100
百
hunnert

# 1.000
千
dusend

# 1.000.000
百万
million

英语

dat Engelsch

美式英语

dat Amerikaansch Engelsch

普通话

dat Chineesch Mandarin

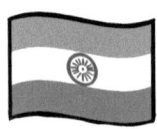

印地语

dat Hindi

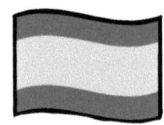

西班牙语

dat Spaansch

法语

dat Franzöösch

阿拉伯语

dat Araabsch

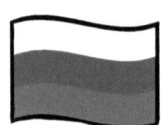

俄语

dat Rusch

葡萄牙语

dat Portugiesch

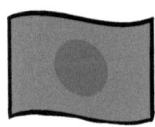

孟加拉语

dat Bengaalsch

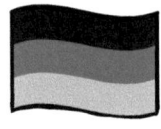

德语

dat Düütsch

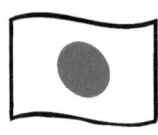

日语

dat Japaansch

我

ik

你

du

他/她/它

he / se / dat

我们

wi

你们

ji

他们

se

谁？

keen?

什么？

wat?

怎样？

woans?

哪里？

woneem?

什么时候？

wannehr?

名字

de Naam

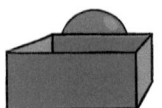

后面

achter

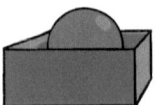

里面

in

前面

vör

上方

över

上面

op

下面

ünner

旁边

blangen

中间

twüschen

地点

de Oort